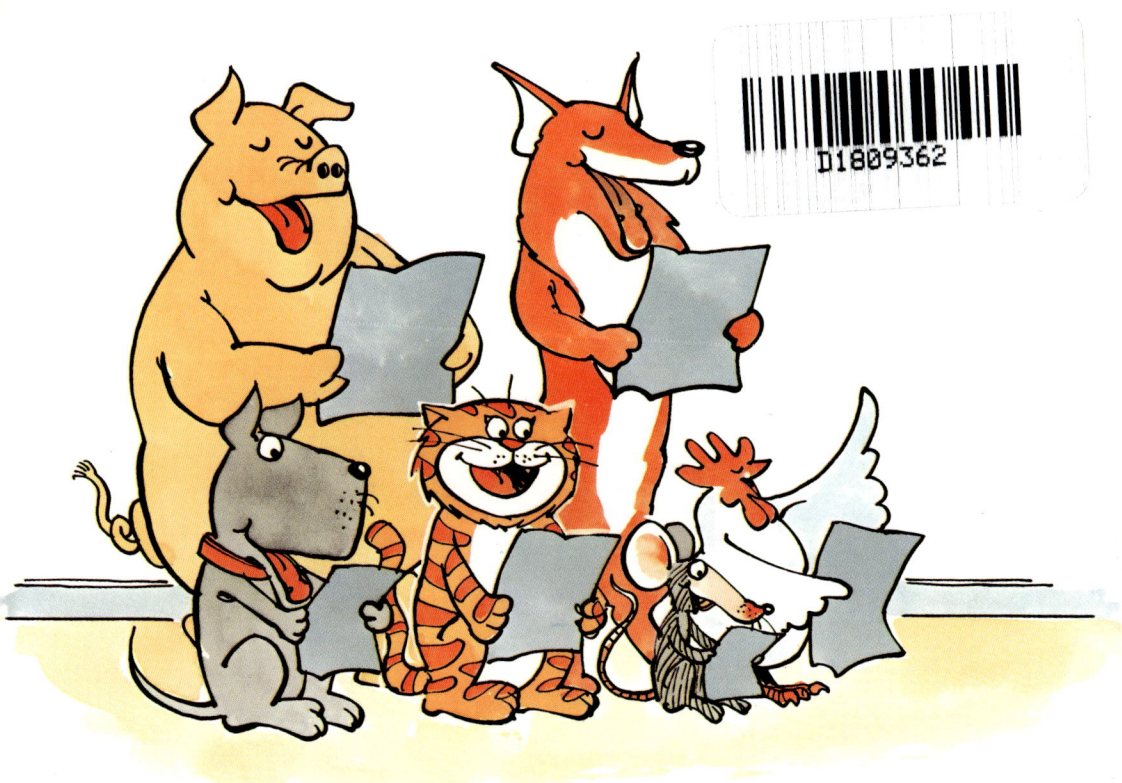

We can sing.

D1809362

1

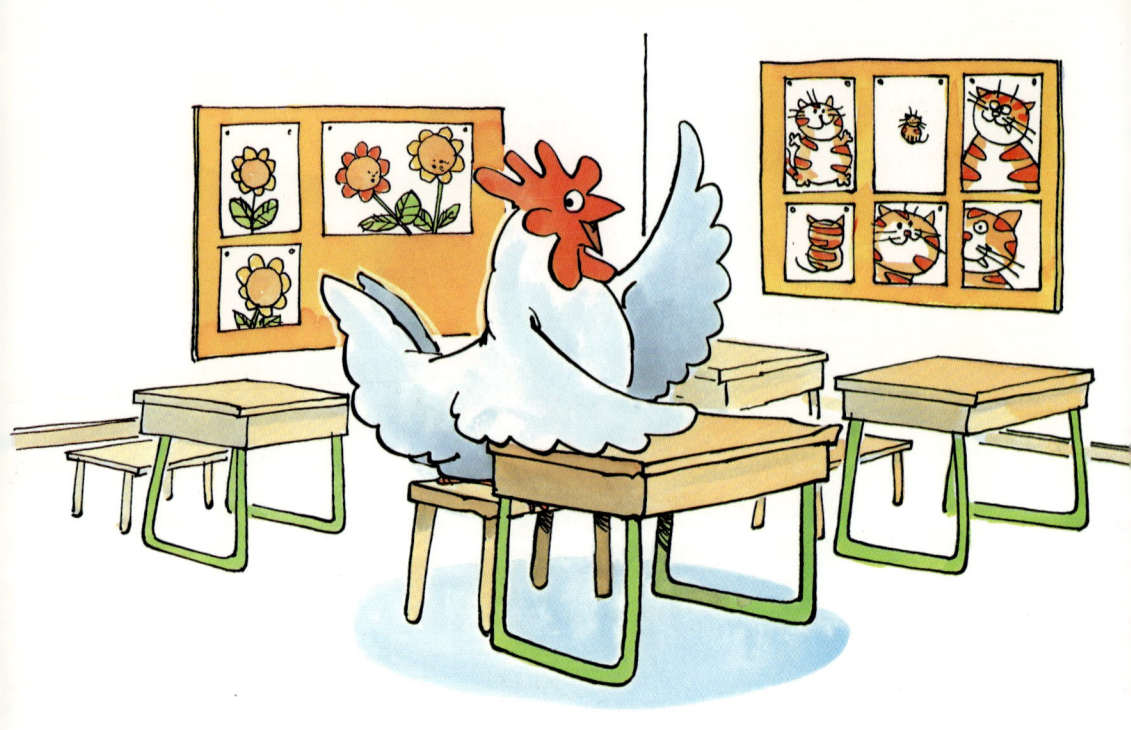

I am Meg the hen.

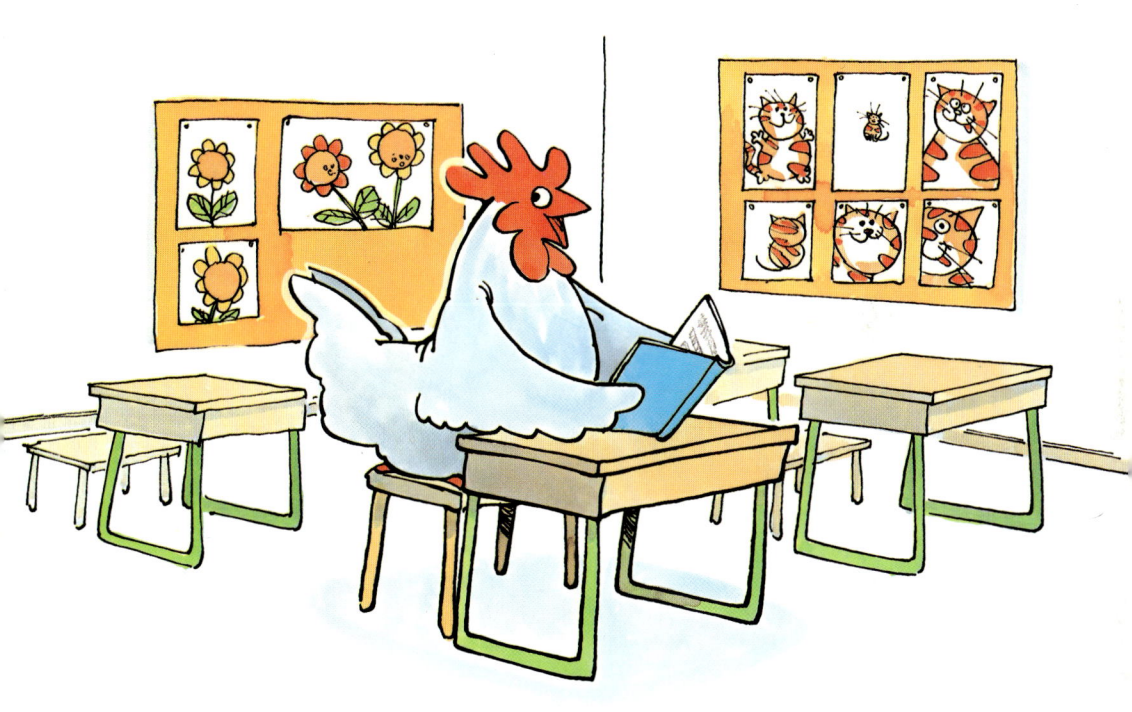

I can read.

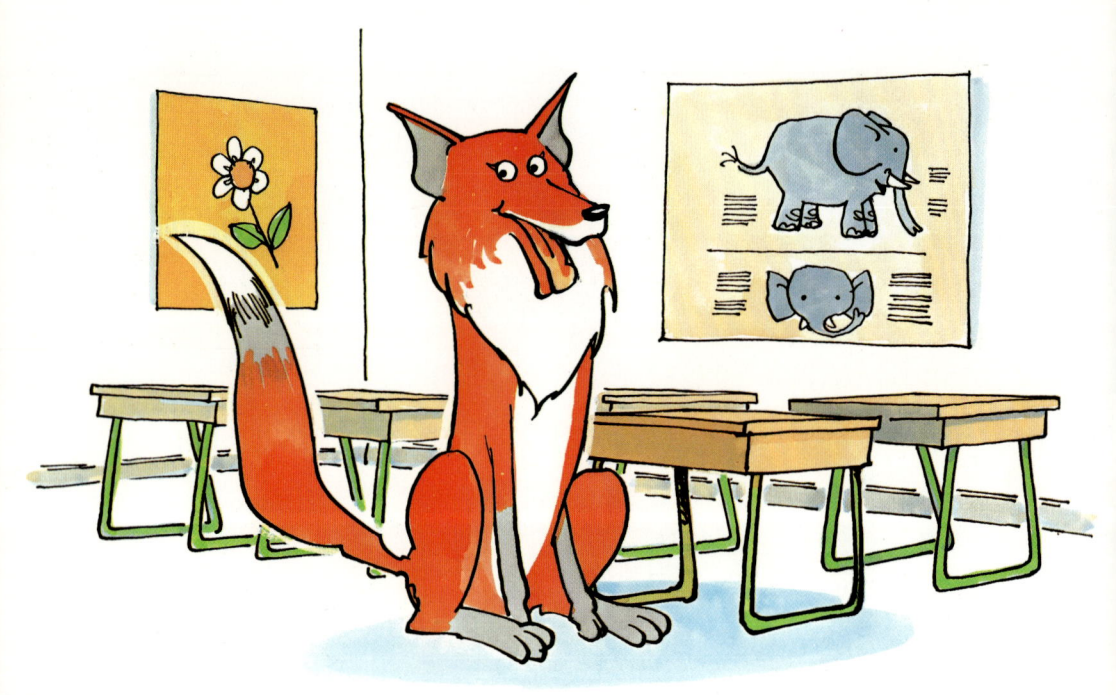

I am Sam the fox.

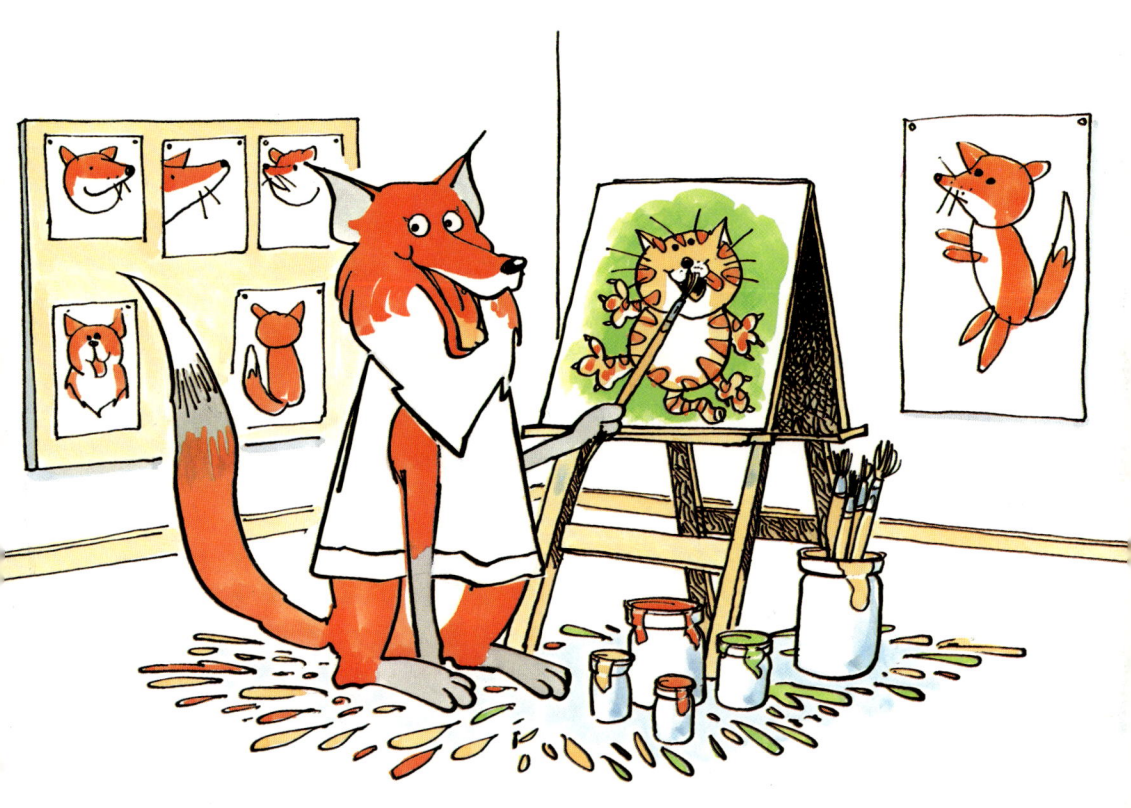

I can paint.

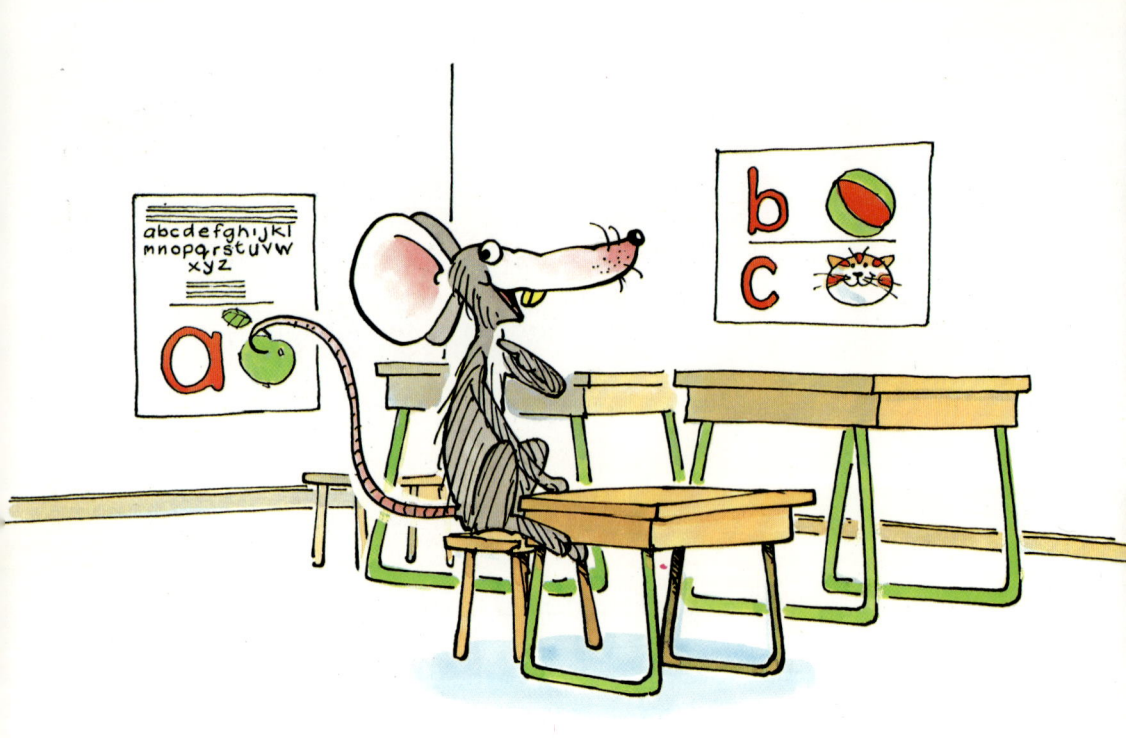

I am Deb the rat.

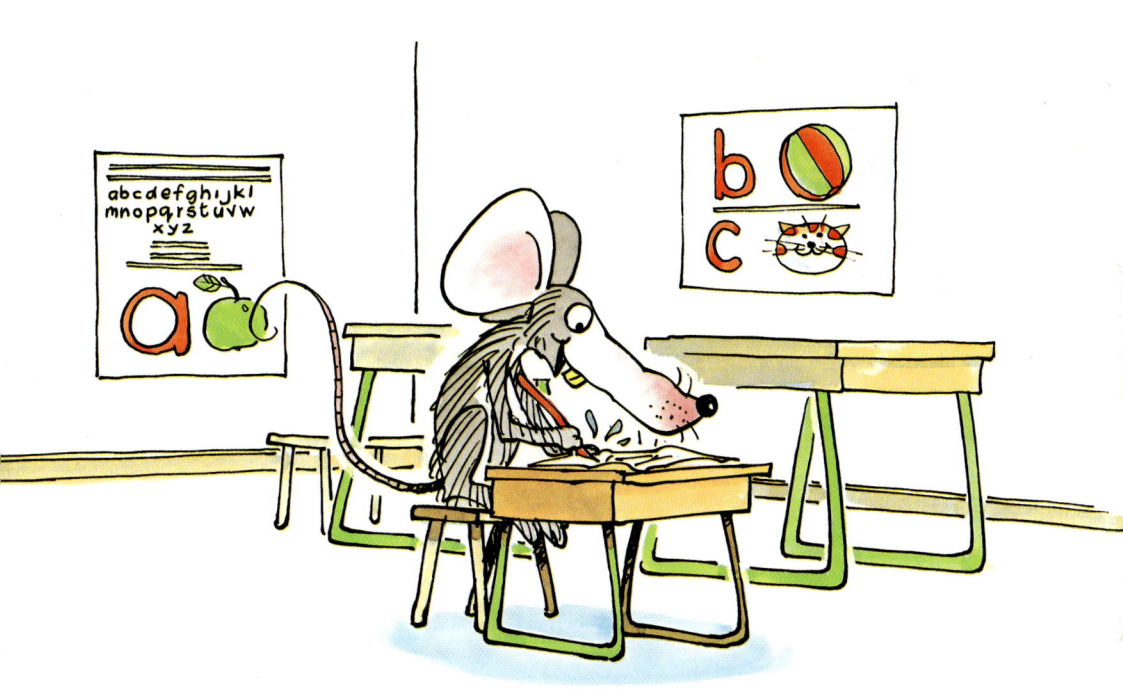

I can write.

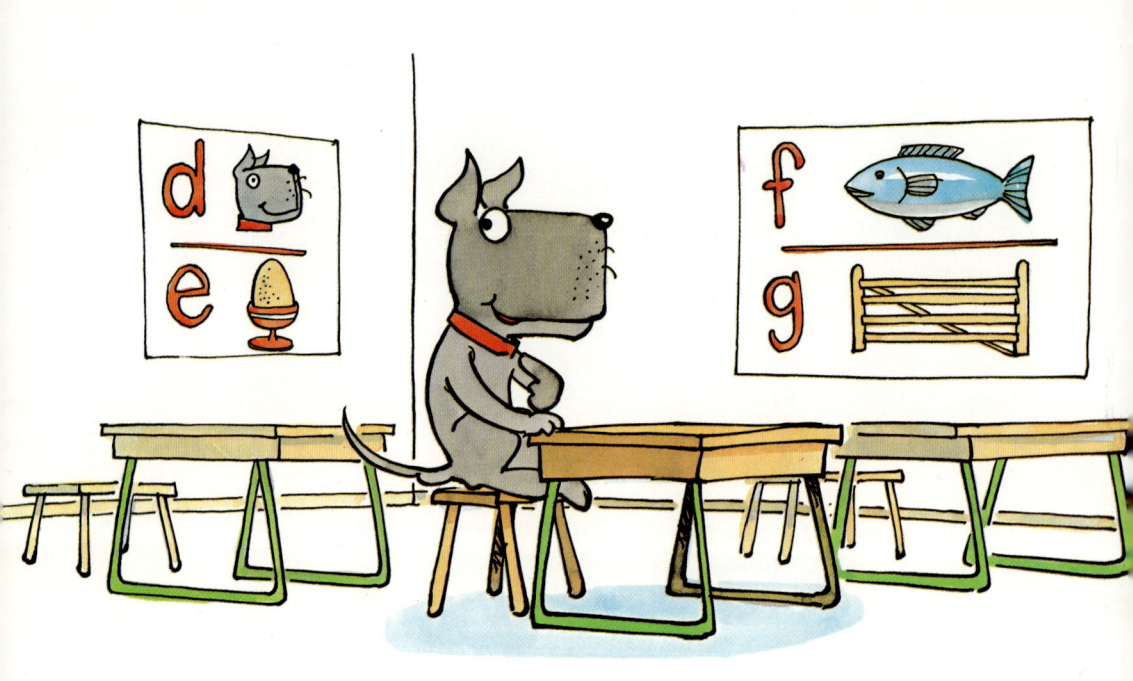

I am Ben the dog.

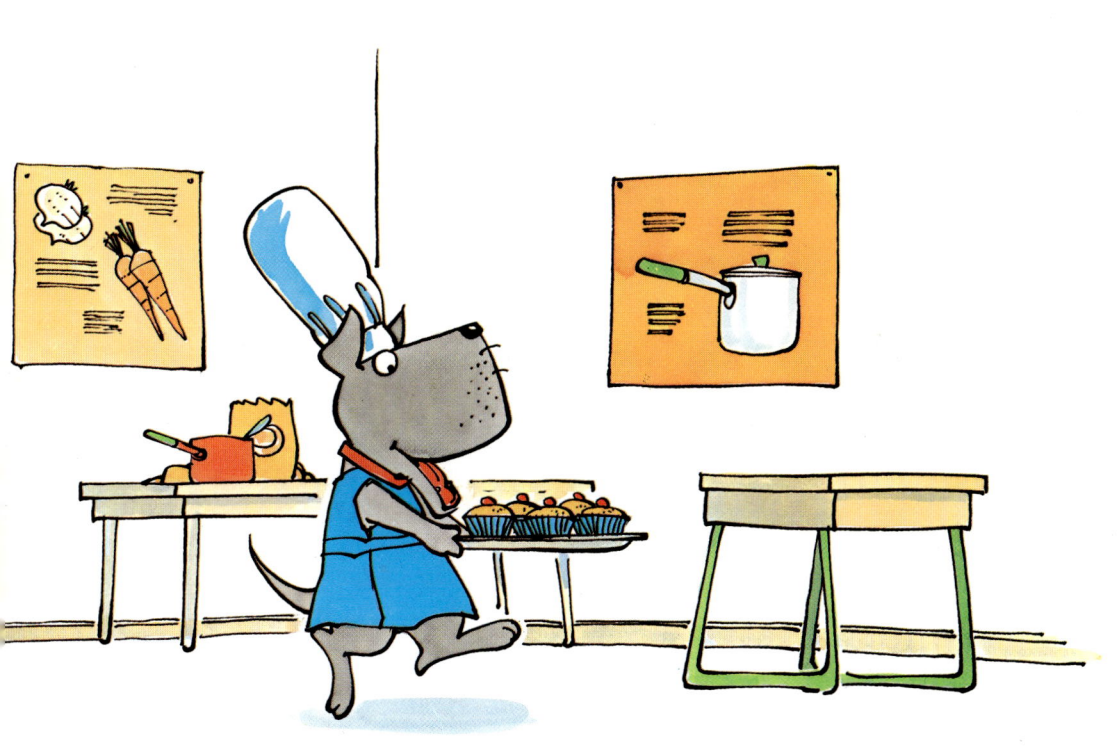

I can cook.

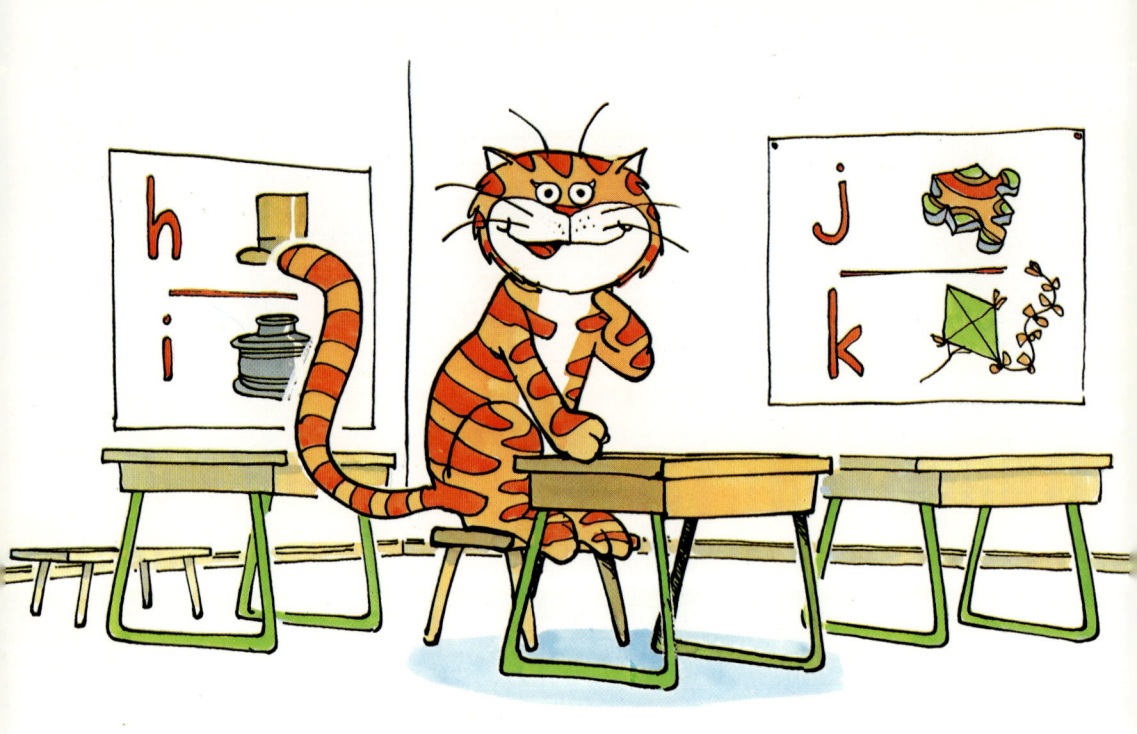

I am Jip the cat.

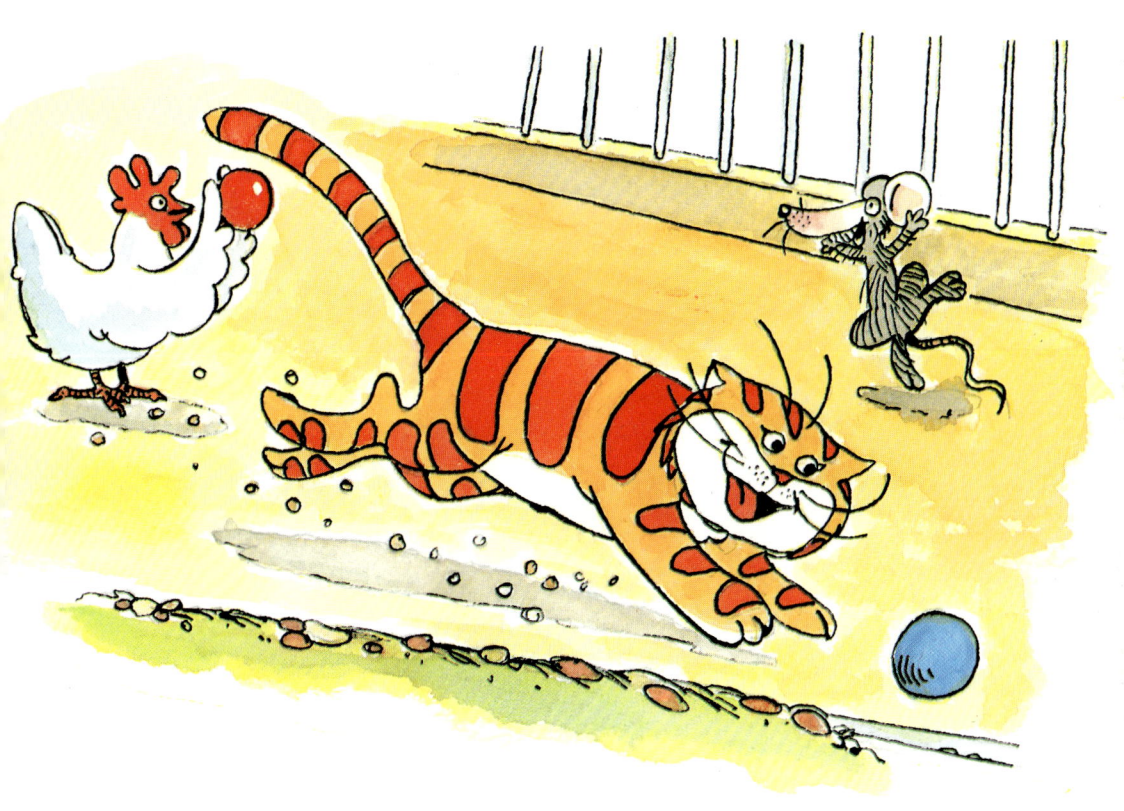

I can run.

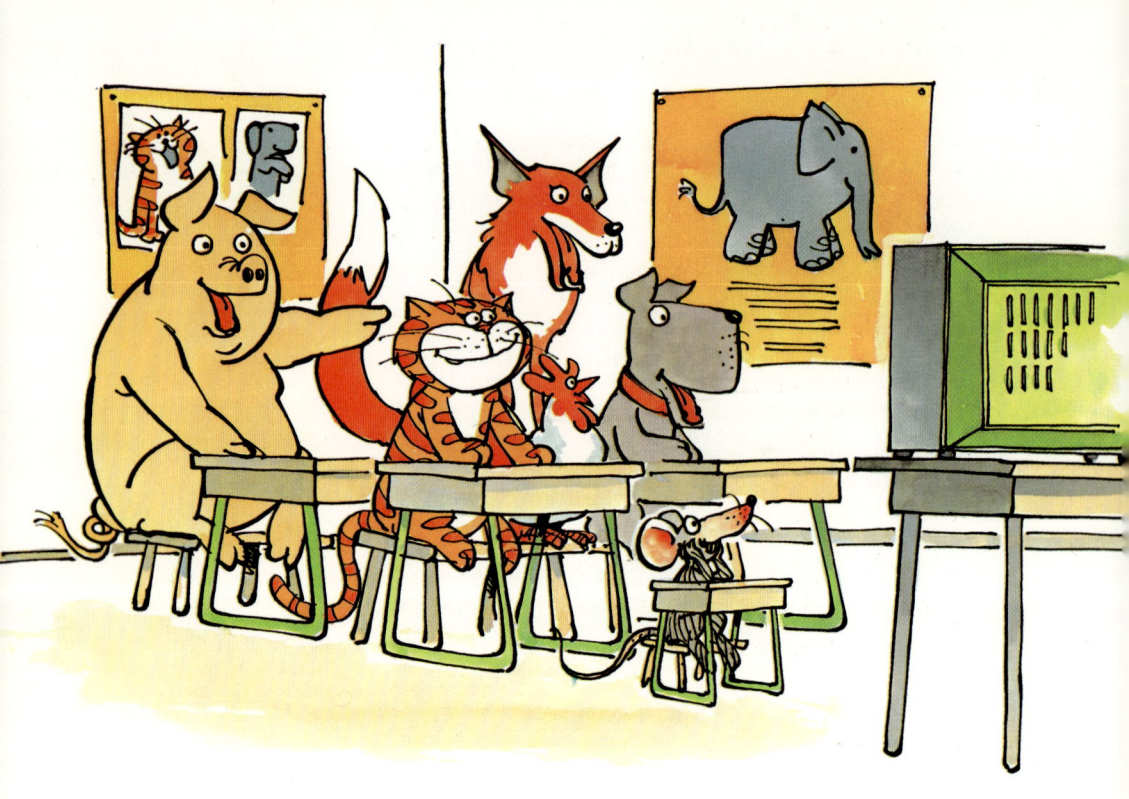

I can watch television.